Impressum
Verlag: BABADADA GmbH, Nedderfeld 112 , 22529 Hamburg
Geschäftsführer / Verlagsleitung: Harald Hof
Druck: Books on Demand GmbH, In de Tarpen 42, 22848 Norderstedt

Imprint
Publisher: BABADADA GmbH, Nedderfeld 112 , 22529 Hamburg, Germany
Managing Director / Publishing direction: Harald Hof
Print: Books on Demand GmbH, In de Tarpen 42, 22848 Norderstedt, Germany

skola

ቤት-ትምህርቲ

klases telpa
ክፍሊ ክላስ
dalīt
መቀለ
186/2
tāfele
ሰሌዳ
skolas pagalms
skolotājs
መምህር
papīrs
ወረቐት
rakstīt
pildspalva
መጽሓፊ
rakstāmgalds
ጣውላ ምጽሓፍ
lineāls
መስመር
grāmata
መጽሓፍ
skolēns
ተመሃራይ

skolas soma

ሳንጣ ትምህርቲ

penālis

ሰፈር ብርዒ

zīmulis

ርሳስ

zīmuļu asināmais

መብልሒ ርሳስ

dzēšgumija

መደምሰሲ

zīmēšanas bloks

ጥራዝ ስእሊ

zīmējums

ስእሊ

ota

ብርዒ ቀለም

krāsas

ቦክስ ቀለም

šķēres

መቐስ

līme

መጣበቒ

darba burtnīca

ጥራዝ መላመዲ

mājas darbs

ዕዮ ገዛ

12

skaitlis

ቁጽሪ

2+2

saskaitīt

ወሰኽ

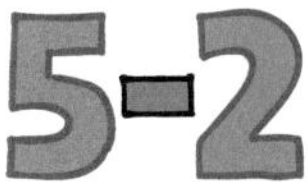

5-2

atņemt

ጎደለ

2×2

reizināt

ረብሐ

rēķināt

ደመረ

A

burts

ፊደል

ABCDEFG
HIJKLMN
OPQRSTU
VWXYZ

alfabēts

ስርዓት ፊደላት

hello

vārds

ቃል

teksts

ጽሑፍ

lasīt

ኣንበበ

krīts

ኩርሽ

mācību stunda

ሰዓት

žurnāls

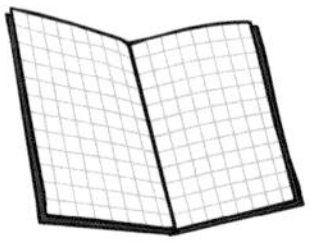

መዝገብ ክላስ

eksāmens

መርመራ

liecība

ሰርቲፊኬት

skolas forma

ድቢዛ ቤትትምህርቲ

izglītība

ትምህርቲ

enciklopēdija

ለክሲኮን

universitāte

ዩኒቨርሲቲ

mikroskops

ሚክሮስኮፕ

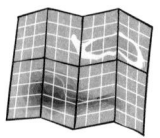

karte

ካርታ

papīrgrozs

ጎሓፍ ወረቐት

viesnīca
መቐበሊ ኣጋይሽ
hostelis
ሆስተል
valūtas maiņas punkts
ቦታ ቅያር ገንዘብ
čemodāns
ባሊጃ
automašīna
መኪና

Valoda

ቋንቋ

jā / nē

እወ / ኖ

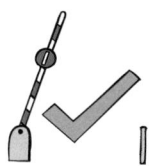

Okay

ሕራይ

Sveiki!

ሰላም

tulks

ኣስተርጓሚ

paldies

የቐንየለይ

Cik maksā...?

. . . ክንደይ ዋግኡ?

Es nesaprotu

ኣይተረድኣኹን

problēma

ሽግር

Labvakar!

ሰላም ምሸት!

Labrīt!

ከመይ ሓዲርካ

Ar labu nakti!

ሰላም ለይቲ

Uz redzēšanos

ደሓን ኩን

virziens

ኣንፈት

bagāža

ጉዓዝ

soma

ሳንጣ

mugursoma

ሳንጣ ሕቖ

viesis

ጋሻ

istaba

ክፍሊ

guļammaiss

ክሻ መደቀሲ

telts

ቴንዳ

tūrisma informācija

ሓበሬታ በጻሕቲ ሃገር

pludmale

ገምገም ባሕሪ

kredītkarte

ክረዲት ካርድ

brokastis

ቁርሲ

pusdienas

ምሳሕ

vakariņas

ድራር

biļete

ቲከት

lifts

ሊፍት

pastmarka

ማሕተም ደብዳበ

robeža

ዶብ

muita

ድጓና

vēstniecība

ኣምበሲ

vīza

ቪዛ

pase

ፓስፖርት

transports

መጓዓዝያ

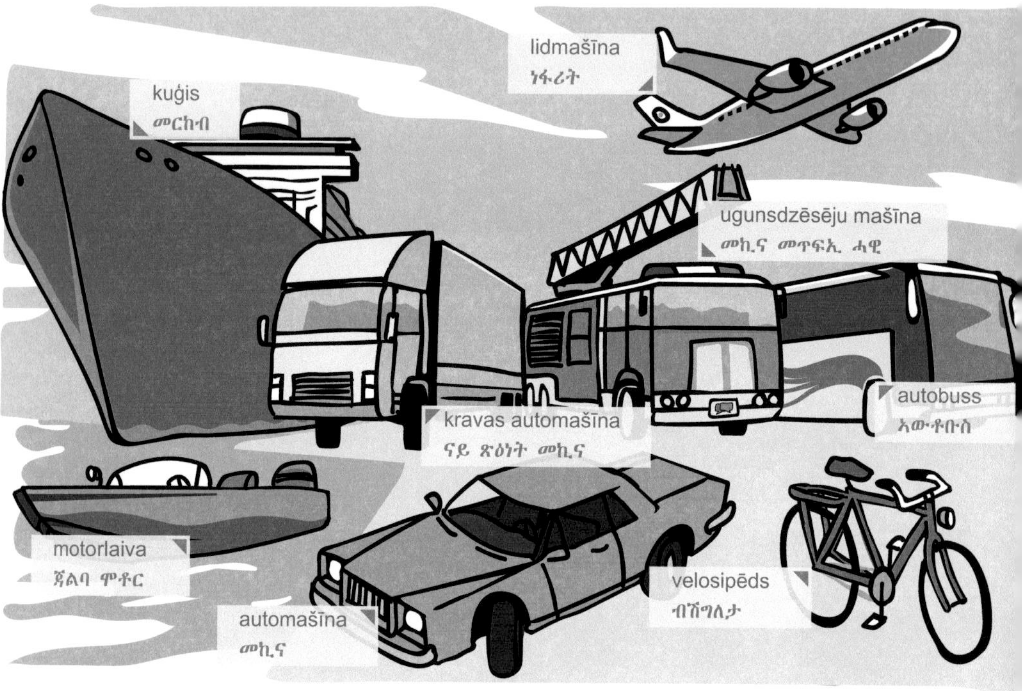
lidmašīna
ነፋሪት
kuģis
መርከብ
ugunsdzēsēju mašīna
መኪና መጥፋኢ ሓዊ
autobuss
ኣውቶቡስ
kravas automašīna
ናይ ጽዕነት መኪና
motorlaiva
ጀልባ ሞቶር
velosipēds
ብሽግለታ
automašīna
መኪና

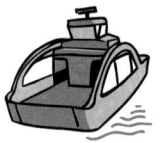

prāmis

ፌሪ

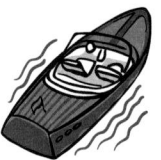

laiva

ጀልባ

motocikls

ሞቶ

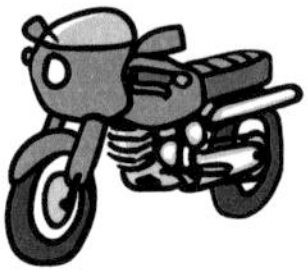

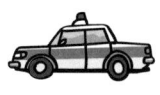

policijas automašīna

መኪና ፖሊስ

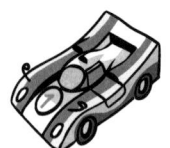

sacīkšu automobilis

መኪና ቅድድም

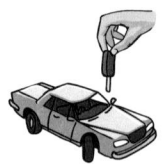

nomas auto

ክራይ መኪና

auto koplietošana

ምውፋይ መካይን

evakuators

መወሰዲ መኪና

atkritumu mašīna

መኪና ጎሓፍ

dzinējs

ሞቶር

benzīns

ነዳዲ

degvielas uzpildes stacija

እንዳ ነዳዲ

ceļa zīme

ምልክት ትራፊክ

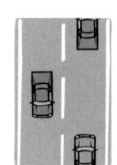

satiksme

ትራፊክ

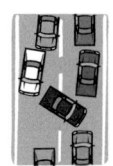

sastrēgums

ምጭቕጫቕ ትራፊክ

stāvvieta

መዐሸጊ መኪና

dzelzceļa stacija

መዕረፊ ባቡር

sliedes

ሓዲግ

vilciens

ባቡር

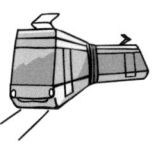

tramvajs

ትረም

vagons

ባጎኒ

helikopters

ሄሊኮፕተር

lidosta

መዓረፊ ነፈርቲ

tornis

ታወር

pasažieris

ተጐዓዚ

konteiners

ኮንተይነር

kaste

ሳንዱቕ ካርቶን

ratiņi

ኮርሳ ጽዕነት

grozs

ዘንቢል

pacelties / nosēsties

ተበገሰ / ዓለበ

pilsēta

ከተማ

ciems

ቍሸት

pilsētas centrs

ማእከል ከተማ

māja

ገዛ

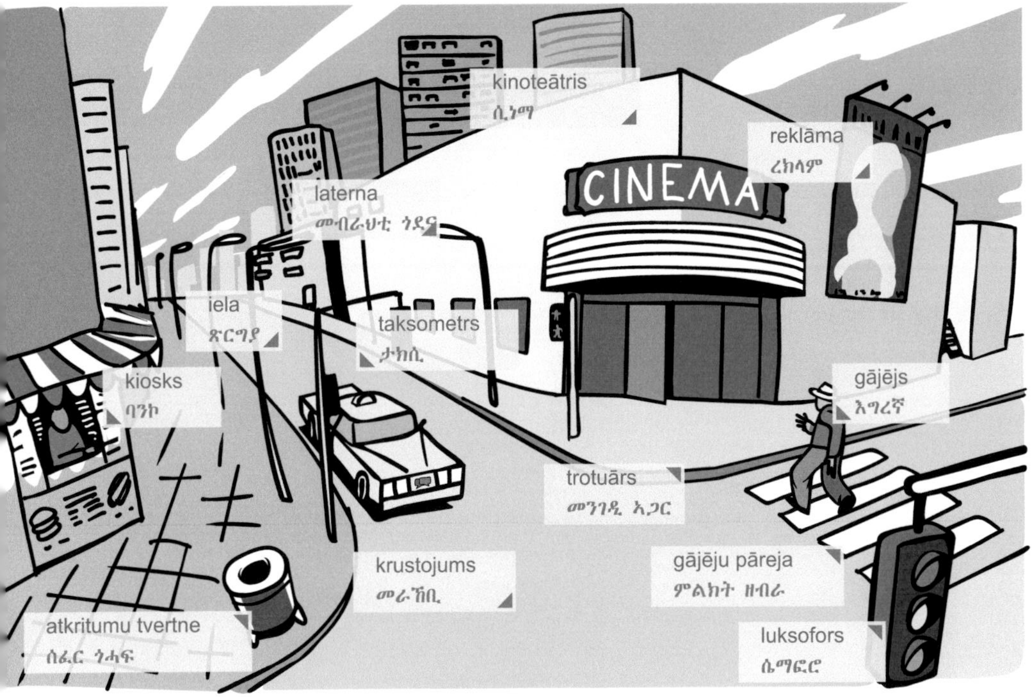

City scene

kinoteātris
ሲኒማ

reklāma
ረክላም

laterna
መብራት ሀ ቲ ጎዳና

iela
ጎርግያ

taksometrs
ታክሲ

gājējs
እግረኛ

kiosks
ባንኮ

trotuārs
መንገዲ አጋር

krustojums
መራኸቢ

gājēju pāreja
ምልክት ዘብራ

atkritumu tvertne
ሰፈር ጎሓፍ

luksofors
ሴማፎሮ

būda
አጎዶ

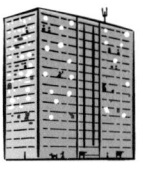

dzīvoklis
አፓርትመንት

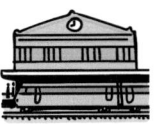

dzelzceļa stacija
መዕረፊ ባቡር

rātsnams
ቤት ምምሕዳር

muzejs
ቤተ መዘክር

skola
ቤት-ትምህርቲ

universitāte

ዩኒቨርሲቲ

banka

ባንክ

slimnīca

ሆስፒታል

viesnīca

መቐበሊ ኣጋይሽ

aptieka

ቤት መድሃኒት

birojs

ቤት ጽሕፈት

grāmatnīca

ዱኳን መጽሓፍቲ

veikals

ዱኳን

ziedu veikals

ዱኳን ዕንባባ

lielveikals

ሱፐርማርኬት

tirgus

ዕዳጋ

tirdzniecības centrs

ሹቕ

zivju tirgotājs

ነጋዳይ ዓሳ

tirdzniecības centrs

ሹቕ

osta

መርሳ

parks

መዘናግዒ

sols

ባንኪ

tilts

ድልድል

kāpnes

መደያይቦ

metro

ባቡር ትሕቲ ምድሪ

tunelis

ቢንቶ

autobusa pieturvieta

መዕረፊ ኣውቶቡስ

bārs

ቤት መስተ

restorāns

ቤት-መግቢ

pastkastīte

ሰታሪት

ielas nosaukuma plāksne

ታቤላ

stāvlaika skaitītājs

ሰዓት ፓርኪንግ

zooloģiskais dārzs

መካነ እንስሳታት

peldbaseins

መሓምበሲ

mošeja

መስጊድ

zemnieku saimniecība

ቤት ሕርሻ

vides piesārņojums

ብከላ

kapsēta

መቓብር

baznīca

ቤተክርስትያን

spēļu laukums

ቦታ ምጽዋት

templis

ቤት መቕደስ

ainava

ስእሊ መሬት

lapa
ceļrādis
መሕበሪ መገዲ
ceļš
መገዲ
pļava
akmens
እምኒ
koks
ኣግራብ
ceļotājs
upe
ፈለግ
zāle
puķe
ዕንባባ

ieleja

ስንጭሮ

kalns

ጎቦ

ezers

ቀላይ

mežs

ዱር

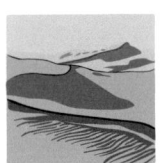

tuksnesis

ምድረ በዳ

vulkāns

እሳተ-ጎመራ

pils

ግምቢ

varavīksne

ቀስተ-ደመና

sēne

ቃንጥሻ

palma

ዓርኮብኮባይ

moskīts

ጣንጡ

muša

ሃመማ

skudra

ጻጸ

bite

ንህቢ

zirneklis

ሳሬት

vabole

ሕንዚዝ

varde

ዕንቅርዖብ

vāvere

ምጽጺላይ

ezis

ቅንፍዝ

zaķis

ማንቲለ

pūce

ጉንጓ

putns

ጭሩ

gulbis

ስዋን

meža cūka

መፍለስ

briedis

ዓጋዘን

alnis

ሙስ

aizsprosts

ግድብ

vēja ģenerators

ተርባይን ንፋስ

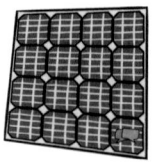

saules baterija

ሶላር ስርሓት

klimats

ኩነታት ኣየር

restorāns

ቤት-መግቢ

viesmīlis
አሰላፊ
ēdienkarte
ካርታ መግብታት
krēsls
መንበር
zupa
pica
ፒትሳ
galdauts
ክዳን ጣውላ
galda piederumi

uzkoda
ቅድመ ቀንዲ መግቢ

pamatēdiens
ቀንዲ መኣዲ

deserts
ድሕሪ መግቢ

dzērieni
መስተ

ēdiens
መግቢ

pudele
ጥርሙዝ

ātrās uzkodas

ስሉጥ መግቢ

ielu uzkodas

መግቢ ጽርግያ

tējkanna

ብርጭቆ ሻሂ

cukurtrauks

ታኒካ ሽኮር

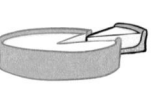

porcija

ክፋል

espresso kafijas automāts

ማሺን ኤስፕረሶ

bāra krēsls

ነዊሕ መንበር

rēķins

ጸብጻብ

paplāte

ታብለት

nazis

ካራ

dakša

ፋርከታ

karote

ማንካ

tējkarote

ማንካ ሻሂ

salvete

ሰርቭየተ

glāze

ብኬሪ

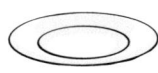

šķīvis

ሽሓኒ

zupas šķīvis

ሽሓኒ መረቕ

apakštase

ትሕቲ ኩባያ

mērce

ጸብሒ

sāls trauciņš

ወሃቢ ጨው

piparu dzirnaviņas

መጥሓን በርበረ

etiķis

ኣቸቶ

eļļa

ዘይቲ

garšvielas

ቀመም

kečups

ከቹፕ

sinepes

ኣድሪ

majonēze

ማዩኒዝ

lielveikals

ሱፐርማርክት

piedāvājums
ወፈያ
FOR
klients
ዓሚል
piena produkti
augļi
ፍረታት
iepirkumu ratiņi
ሰረገላ ዱኳን

kautuve

እንዳ ስጋ

maizes veikals

እንዳ ባኒ

svērt

ክብደት

dārzeņi

ኣሕምልቲ

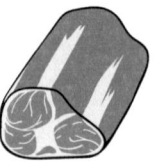

gaļa

ስጋ

saldēti produkti

መግቢ ፍሪጅ በረድ

aukstās gaļas uzkodas

....

ዝሑል ቅሩብ መግቢ

konservi

....

እስቃጥላ

pulveris

....

ኦሞ

saldumi

....

ምቁር መግቢ

mājsaimniecības preces

....

ዘቤታውያን ኣቕሑ

tīrīšanas līdzeklis

....

ናውቲ መጸረዪ

pārdevēja

....

ሽቃጣይ

kase

....

ካሳ

kasieris

....

ተሓዝ ገንዘብ

iepirkumu saraksts

....

ዝርዝር ምግዛእ

darba laiks

....

ክፉት ሰዓታት

maks

....

ማሕፉዳ

kredītkarte

....

ክረዲት ካርድ

soma

....

ሳንጣ

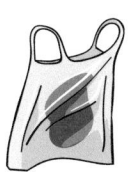

maisiņš

....

ፌስታል

dzērieni

መስተ

ūdens

ማይ

sula

ጽማቕ

piens

ጸባ

kola

ኮላ

vīns

ነቢት

alus

ቢራ

alkohols

አልኮል

kakao

ካካው

tēja

ሻሂ

kafija

ቡን

espresso

ኤስፕረሶ

kapučīno

ካፑቺኖ

banāns

ባናና

ābols

ቱፋሕ

apelsīns

ኣራንሺ

melone

ብርጭቕ

citrons

ለሚን

burkāns

ካሮት

ķiploks

ጻዕዳ ሽጉርቲ

bambuss

ባምቡስ

sīpols

ሽጉርቲ

sēne

ቅንጥሻ

rieksti

ፉል

makaroni

ፓስታ

spageti

ስፓገቲ

rīsi

ሩዝ

salāti

ሰላጣ

frī kartupeļi

ቅልዋ ድንሽ

cepti kartupeļi

ቅሉው ድንሽ

pica

ፒትሳ

hamburgers

ሃምቡርገር

sviestmaize

ፓኒኖ

šnicele

ቢስተካ

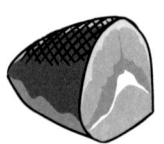

šķiņķis

ሰለፍ ሓሰማ

salami

ሳላሚ

desa

ግዕዝም

vista

ደርሆ

cepetis

ቀለወ

zivs

ዓሳ

auzu pārslas

ገዓት

muslis

ሙስሊ

brokastu pārslas

ኮርንፍለይክስ

milti

ሓርጭ

radziņš

ክሮሶን

brokastu maizītes

ባኒ

maize

ባኒ

tostermaize

ቶስት

cepumi

ብሽኮቲ

sviests

ጠስሚ

biezpiens

ርግኦ

kūka

ፓስተ

ola

እንቋቑሖ

cepta ola

ቅሉው እንቋቑሖ

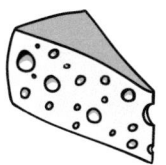

siers

ፋርማጆ

saldējums

አይስ ክሪም

cukurs

ሽኮር

medus

መዓር

marmelāde

ጀም

riekstu krēms

ኑጋት-ክረም

karijs

ኩሪ

zemnieku saimniecība

ቤት ሕርሻ

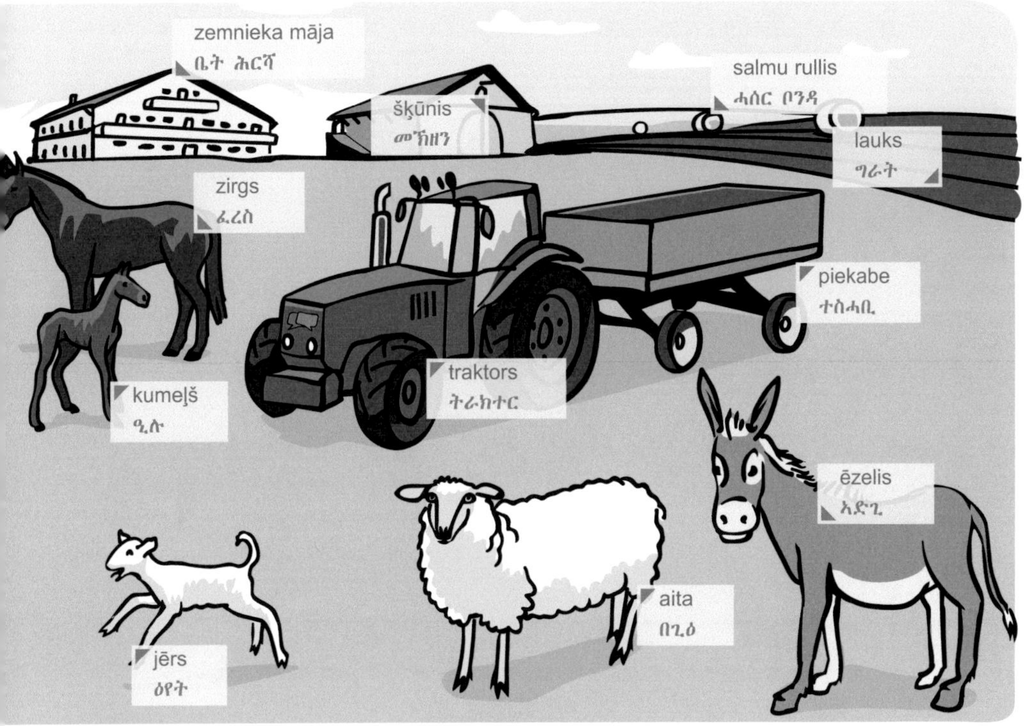
zemnieka māja
ቤት ሕርሻ
šķūnis
መኽዘን
salmu rullis
ሓሰር ቦንዳ
lauks
ግራት
zirgs
ፈረስ
piekabe
ተስሓቢ
traktors
ትራክተር
kumeļš
ዒሉ
ēzelis
ኣድጊ
aita
በጊዕ
jērs
ዕየት

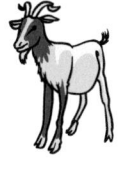

kaza

ጤል

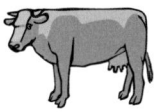

govs

ብዕራይ

teļš

ምራኽ

cūka

ሓሰማ

sivēns

ውላድ ሓሰማ

bullis

ኣርሓ

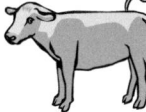

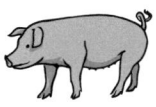

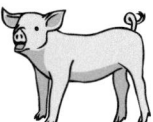

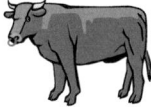

zoss

ዓዓ

pīle

ማይ ደርሆ

cālis

ጫቕ-ት

vista

ደርሆ

gailis

ኣርሓ ደርሆ

žurka

ኣንጨዋ ዓባይ

kaķis

ድሙ

pele

ኣንጭዋ

vērsis

ብዕራይ

suns

ከልቢ

suņa būda

ኣጉዶ ከልቢ

dārza šļūtene

ቱባ ጀርዲን

lejkanna

መዝፈፊ ማይ

izkapts

ዓቢ ማዕጺድ

arkls

ማሕረሻ

sirpis

ማዕጺድ

kaplis

ጭኽሮ

mēslu dakša

መስአ

cirvis

ፋስ

ķerra

ዓረብያ ኢድ

sile

ጋብላ

piena kanna

ብርጭቆ ጸባ

maiss

ክሻ

žogs

ሓጹር

kūts

መጓሰስ

siltumnīca

ቐጠልያ ገዛ

augsne

ባይታ

sēklas

ዘርኢ

mēslojums

ድኹዒ

kombains

ዘጣምር ቀውዓይ

novākt ražu

ቀውዐ

raža

ጻማ

jamss

ድንሽ ያም

kvieši

ስርናይ

soja

ሶያ

kartupelis

ድንሽ

kukurūza

ዕፉን

rapsis

ራፕስ

augļu koks

ገረብ ፍረታት

manioka

ማኒኦክ

labība

ኣእኻል

skurstenis
መውጽእ ትኪ
jumts
ናሕሲ
lietus noteka
መውሓዝ ዝናብ
logs
መስኮት
garāža
ጋራጅ
durvju zvans
ጭር መበሊት
durvis
atkritumu spainis
ጎሓፍ መገለል
pastkastīte
ቦክስ ደብዳበ
dārzs

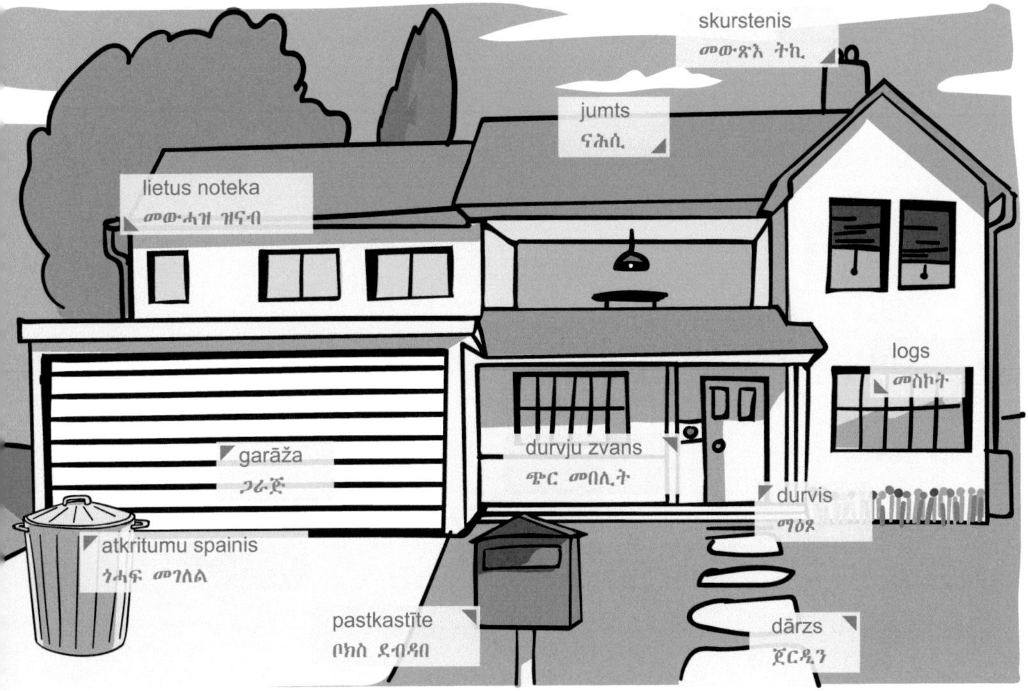

viesistaba

ክፍሊ ምቕማጥ

vannas istaba

ክፍሊ ባንዮ

virtuve

ክሽነ

guļamistaba

ክፍሊ መደቀሲ

bērnu istaba

ክፍሊ ቆልዑ

ēdamistaba

መመገቢ ክፍሊ

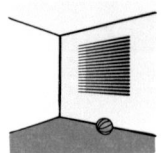

grīda

ባይታ

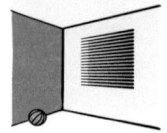

siena

መንደቕ

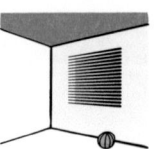

griesti

ከቦርታ

pagrabs

ካንቲና

sauna

ሳውና

balkons

ባልኮን

terase

ዛላ

baseins

መሕምበሲ

zāles pļāvējs

መቑረጺ ሳዕሪ

gultas veļa

ኣንሶላ ዓራት

sega

ከቦርታ ዓራት

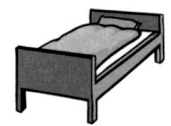

gulta

ዓራት

slota

መኾስተር

spainis

መገለል

slēdzis

መወልዒት

viesistaba

ክፍሊ ምቕማጥ

tapetes
ወረቐት
መንደቕ
attēls
ስእሊ
lampa
ላምፓ
plaukts
skapis
televizors
ተለቪዥን
kamīns
መውጽኢ ትኪ ኣብ
ገዛ
puķe
ዕንባባ
spilvens
መተርኣስ
dīvāns
ሳሎን
vāze
ባዞ
tālvadības pults
ሪሞት

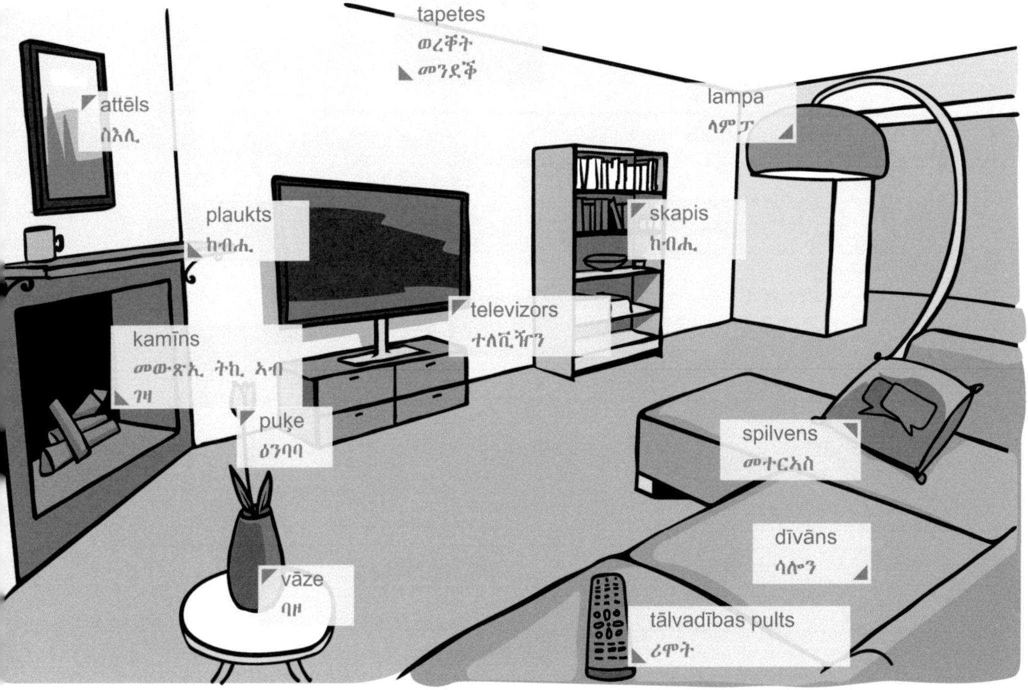

paklājs

መንጸፍ

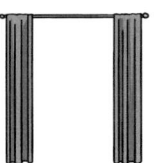

aizkars

መጋረጃ

galds

ጣውላ

krēsls

መንበር

šūpuļkrēsls

ሰለል ዝብል መንበር

atpūtas krēsls

መንበር ምቹእ

grāmata

መጽሓፍ

sega

ክቦርታ

dekorācija

ስልማት

malka

እንጨይቲ ሓዊ

filma

ፊልም

mūzikas centrs

ስተረዮ

atslēga

መፍትሕ

avīze

ጋዜጣ

glezna

ቕብኣ

plakāts

ፖስተር

radio

ረድዮ

pierakstu blociņš

ጥራዝ

putekļu sūcējs

መልገሲ ደሮና

kaktuss

በለስ

svece

ሽምዓ

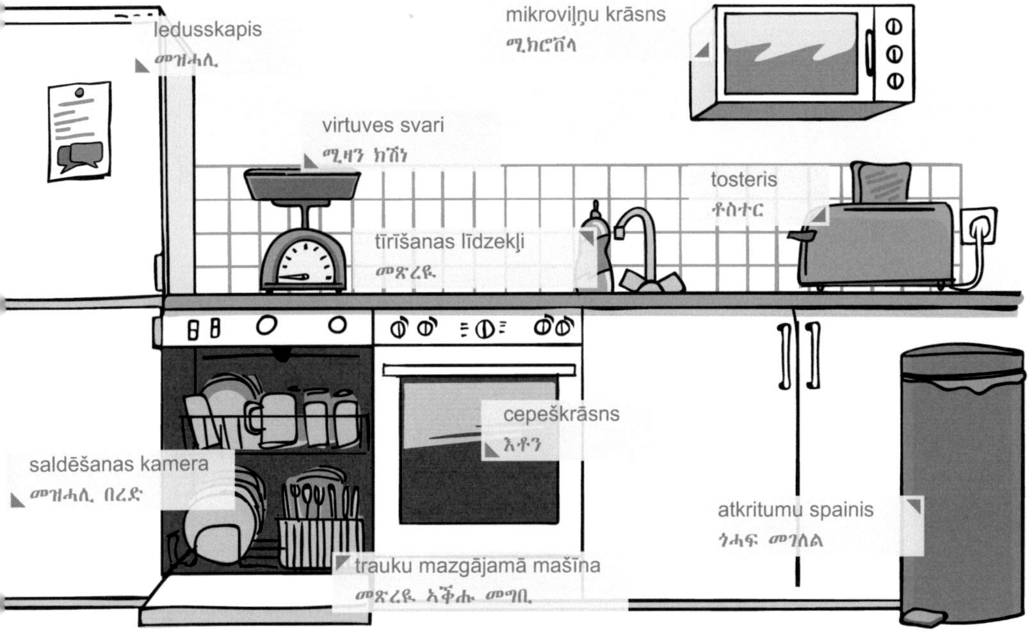

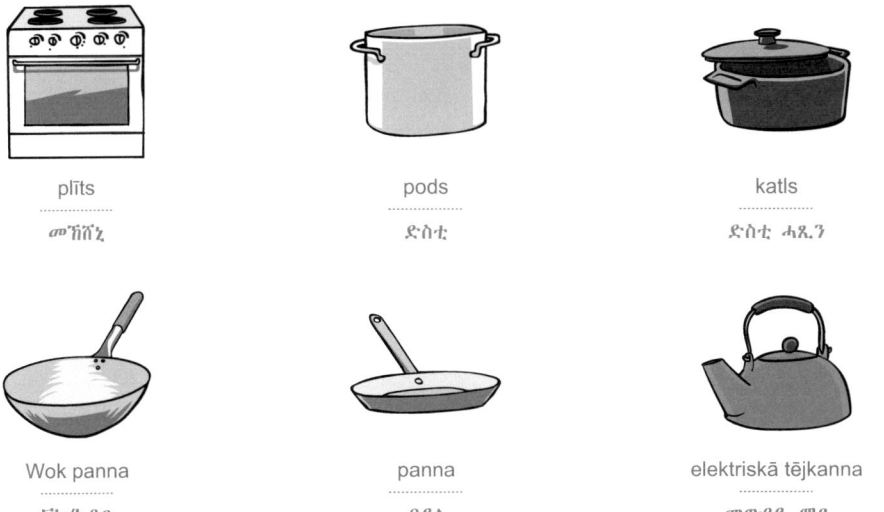

virtuve
ክሽነ

ledusskapis
መዝሓሊ
mikroviļņu krāsns
virtuves svari
ሚዛን ክሽነ
tosteris
ቶስተር
tīrīšanas līdzekļi
መጽረዪ
cepeškrāsns
እቶን
saldēšanas kamera
መዝሓሊ በረድ
atkritumu spainis
ጎሓፍ መገለል
trauku mazgājamā mašīna
መጽረዪ ኣቕሑ መግቢ

plīts
....
መኽሸኒ

pods
....
ድስቲ

katls
....
ድስቲ ሓጺን

Wok panna
....
ቮክ/ካዳይ

panna
....
ባደላ

elektriskā tējkanna
....
መውዓዪ ማይ

virtuve - ክሽነ 35

tvaika katls

መፍልሒ

cepešpanna

ጓንቴራ ምስንካት

trauki

ኣቕሑ መግቢ

krūze

ብርጭቆ

bļoda

ጭሖሎ

irbulīši

ማንካቺና

kauss

ማንካ መረቕ

lāpstiņa

መገልበጢ ባደላ

putošanas slotiņa

መኾስተር ውርጪ

sietiņš

መንፊት መግቢ

siets

መንፊት

rīve

መፋሕፍሒ

piesta

ሞርታር

grilēt

ባርቢክዩ

atklāts pavards

ስፍራ ሓዊ

dēlis

እንጨይቲ ምምታር

mīklas rullis

እንጨይቲ ኲረር

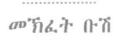

korķu viļķis

መኽፈት ቡሽ

bundža

ታኒካ

konservu nazis

መኽፈቲ ታኒካ

virtuves cimdi

ጨርቂ ድስቲ

izlietne

ቡምባ

birste

ኣስባስላ

sūklis

ሰፍነግ

mikseris

ሓዋሲ ኣደባላቒ

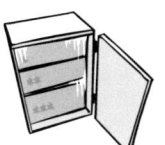

saldētava

መዝሓሊ በረድ

bērna pudelīte

ጥርሙዝ ማማይ

ūdenskrāns

ቡምባ ማይ

vannas istaba

ክፍሊ ባንዮ

apkure
መውዓዪ
dvielis
ሽጎማኖ
duša
መሕጸቢ ሻወር
dušas aizkari
ሻወር መጋረጃ
veļas mašīna
flīzes
ማቶነላ
ūdenskrāns
ቡምባ ማይ
glāze
ብኬሪ
podiņš
ድስቲ
izlietne
ቡምባ

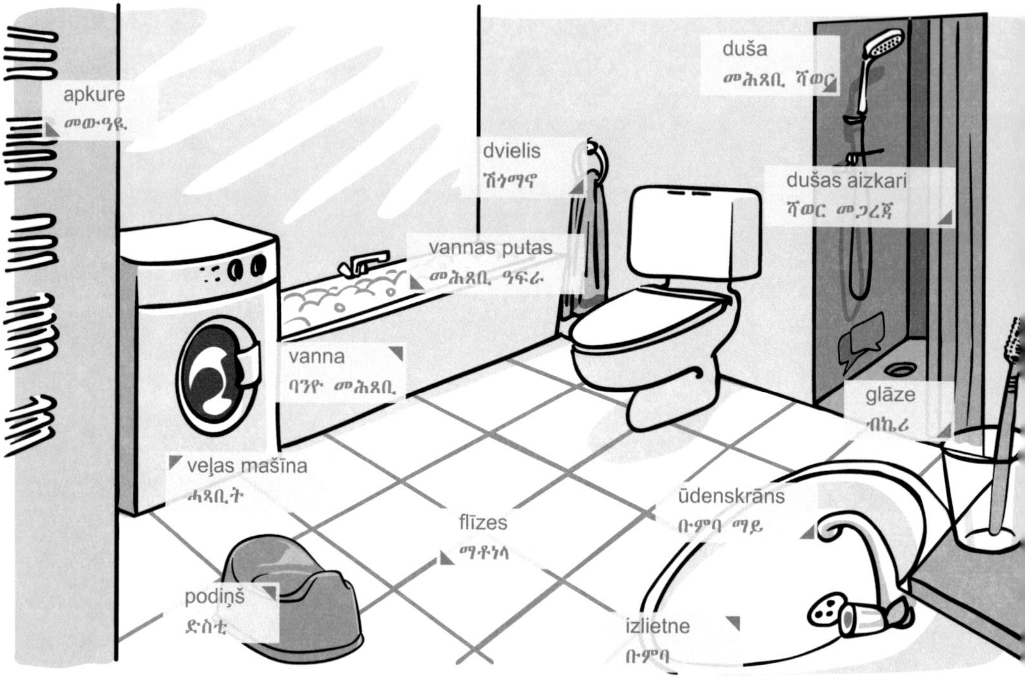

tualetes pods

ሽቓቕ

Āzijas tipa tualete

ሽቓቕ ኮፍ

bidē

በዱ

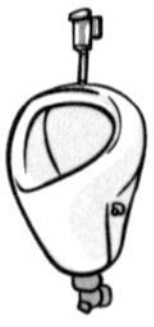

pisuārs

ሽቓቕ ተባዕታይ

tualetes papīs

ወረቐት ሽቓቕ

tualetes birste

ኣስባስላ ሽቓቕ

zobu birste

አስባስላ ስኒ

zobu pasta

ክረማ ስኒ

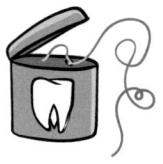

zobu diegs

ሃሪ ስኒ

mazgāt

ሓጸበ

rokas duša

ዱሽ ኢድ

duša

ዱሽ

bļoda

ብርጭቆ ምሕጻብ

muguras mazgāšanas birste

ኣስባስላ ሕቖ

ziepes

ሳምና

dušas želeja

ሻወር ጀል

šampūns

ሻምፑ

mazgāšanas drāna

ጨርቂ መሕጸቢ

noteka

መውሓዚ

krēms

ክረማ

dezodorants

ደዮ ጨና

spogulis

መስትያት

spogulītis

ናይ ኢድ መስትያት

skuveklis

መላጸ

skūšanās putas

ዓፍራ ምልጻይ

losjons pēc skūšanās

ጨና ድሕሪ ምልጻይ

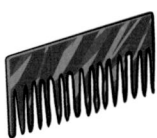

ķemme

መመሸጥ

matu suka

ኣስባስላ

matu fēns

መንቐጺ ጸግሪ

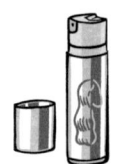

matu laka

ስፕረይ ጸግሪ

grima komplekts

መመላኽዒ

lūpu krāsa

ብርዒ ቀለም ከንፈር

nagulaka

ኣዝማልቶ

vate

ጸምሪ ጡጥ

šķērītes

መስደዲ ጽፍሪ

smaržas

ጨና

kosmētikas maks

ሳንጣ መሕጸቢ

ķeblītis

ድኳ

svari

ሚዛን

halāts

ክዳን መሕጸቢ

tīrīšanas cimdi

ጓንቲ መጸረዩ

tampons

ታምፖን

pakete

ጨርቂ ሰበይቲ

ķīmiskā tualete

ሽቓቕ ከሚስትሪ

bērnu istaba

ክፍሊ ቆልዑ

modinātājs
ኣላርም መተስኢ
mīkstā rotaļlieta
መጻወቲ እንስሳ
spēļu automašīna
መጻወቲ መኪና
grabulis
ኳሕኳሕ መበሊ
leļļu māja
ቤት ባምቡላ
dāvana
ህያብ

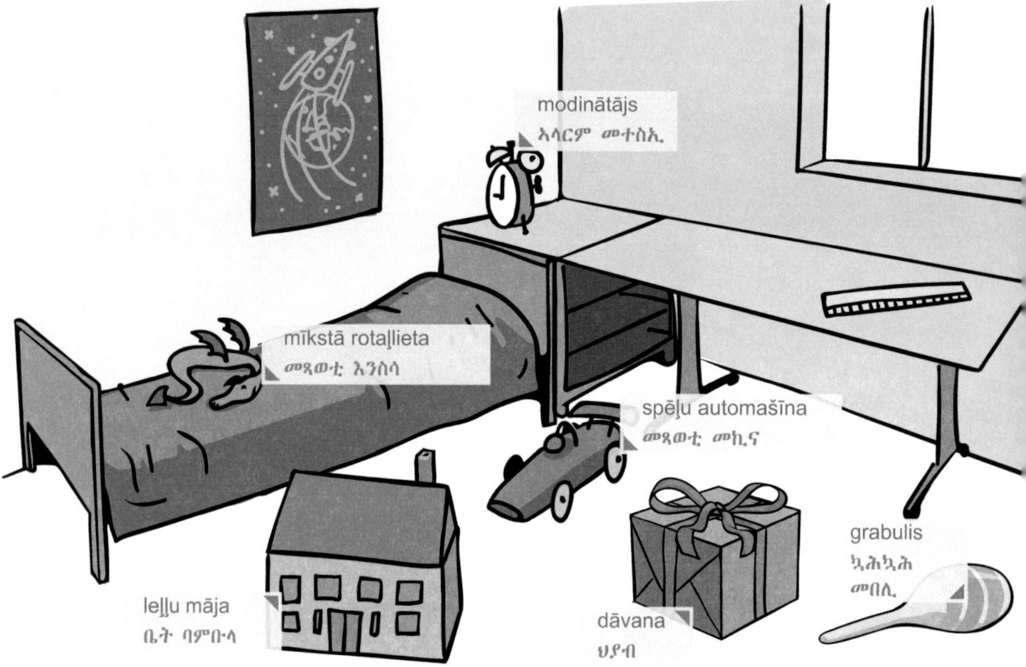

balons

ባላንችና

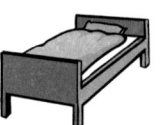

gulta

ዓራት

bērnu ratiņi

ሰረገላ ህጻን

kārtis

ጸወታ ካርታ

puzle

ሕንቅሊተይ

komikss

ኮሜዲ

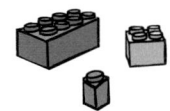

LEGO klucīši

እምንታት መጻወቲ ለጎ

klucīši

መጻወቲ እምንታት

varoņu figūra

በዓል ኣክቾን

rāpulītis

ክዳን ማማይ

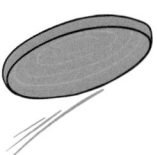

lidojošais šķīvītis

ፍሪስቢ

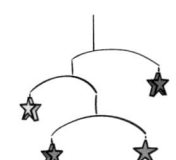

muzikālais karuselis

ሞባይል ማማይ

galda spēle

ጸወታ ሰሌዳ

metamais kauliņš

ኩቦ

rotaļu dzelzceļš

ሞደል ባቡር ምድሪ

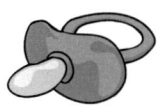

māneklis

ዓባስ

ballīte

ፓርቲ

bilžu grāmata

መጽሓፍ ስእሊ

bumba

ኩዕሶ

lelle

ባምቡላ

spēlēt

ተጻወተ

smilšu kaste

መጻወቲ ሑጻ

šūpoles

ሰላል

rotaļlietas

መጻወቲታት

spēļu konsole

ኮንሶል ቪድዮ

trīsritenis

መጻወቲ ሰለስተ መንኮርኮር

plīša lācītis

ተዲ

drēbju skapis

ክብሒ ክዳን

apģērbs

ክዳን

īszeķes

ካልስታት

zeķes

ነዊሕ ካልስታት

zeķbikses

ስረ ካልሲ

šalle
ሻርባ
lietussargs
ጽላል
T-krekls
ማልያ
siksna
zābaks
ረፋዕ
čības
ጫማ ገዛ
botas
ስኒከርስ

sandales

ሸበጥ

kurpes

ጫማ

gumijas zābaki

ረፋዕ ጎማ

apakšbikses

ሙታንታ

krūšturis

ክዳን ጡብ

apakškrekls

ትሕተ ካሚቻ

bodijs

ቦዲ

bikses

ስረ

džinsi

ጂንስ

svārki

ቀምሽ

blūze

ካምቻ

krekls

ካሚቻ

pulovers

ጉልፎ

džemperis

ጎልፎ

žakete

ጃኬት

jaka

ጃኬት

mētelis

ጁባ

lietus mētelis

ክዳን ዝናብ

kostīms

ኮስቱም

kleita

ቀምሽ

kāzu kleita

ቀምሽ መርዓ

uzvalks

ልብሲ.

naktskrekls

ካሚቻ ለይቲ

pidžama

ክዳን ለይቲ

sari

ሳሪ

lakats

መሃረብ ርእሲ.

turbāns

ቱርባን

burka

ቡርካ

kaftāns

ካፍታን

abaja

ኣባያ

peldkostīms

ክዳን መሕምበሲ.

peldbikses

ስረ መሕምበሲ.

šorti

ሓጺር ስረ

treniņtērps

ክዳን ታዕሊም

priekšauts

በጃ ክዳን

cimdi

ጓንቲ

poga

መልጎም

brilles

መነጽር

rokassprādze

በንናጅር

kaklarota

ማዕተብ

gredzens

ቀለበት

auskars

ኩትሻ

cepure

ቆብዕ

drēbju pakaramais

መንበሪ ጁባ

platmale

ባርነጣ

kaklasaite

ካርራቫት

rāvējslēdzējs

ሻርነጣ

ķivere

ሀልመት

bikšturi

መድልደል ስረ

skolas forma

ድቢዛ ቤትትምህርቲ

uniforma

ድቢዛ

priekšautiņš

ሰደርያ ቆልዓ

māneklis

ዓባስ

autiņbiksītes

ጨርቂ ማማይ

birojs

ቤት ጽሕፈት

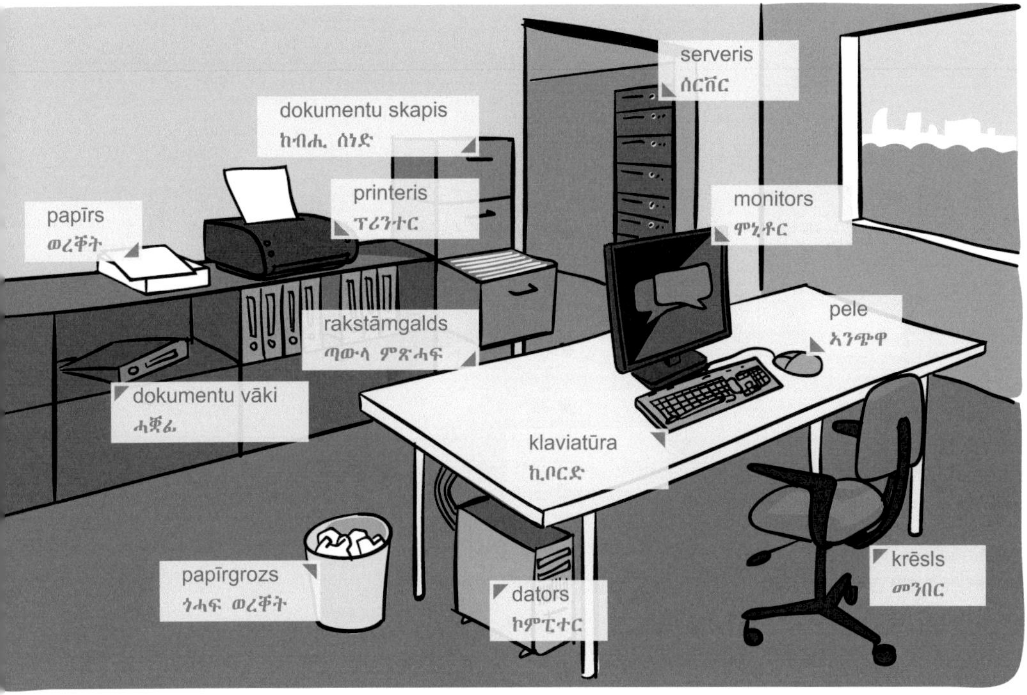

serveris
ሰርቨር
dokumentu skapis
ከብሒ ሰነድ
printeris
ፕሪንተር
papīrs
ወረቐት
monitors
pele
rakstāmgalds
ጣውላ ምጽሓፍ
dokumentu vāki
klaviatūra
ኪቦርድ
papīrgrozs
ጎሓፍ ወረቐት
dators
ኮምፒተር
krēsls
መንበር

kafijas krūze

ብርጭቆ ቡን

kalkulators

ካልኩለተር

internets

ኢንተርነት

portatīvais dators

ለፕቶፕ

vēstule

ደብዳበ

ziņa

መልእኽቲ

mobilais tālrunis

ሞባይል

tīkls

ነትወርክ/መርበብ

kopētājs

መቅድሒ ፎቶኮፒ

programmatūra

ሶፍትዌር

telefons

ተለፎን

rozete

ሶከት ኳረንቲ

faksa aparāts

ፋክስ

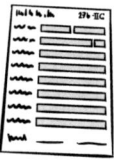

formulārs

ፎርም

dokuments

ሰነድ

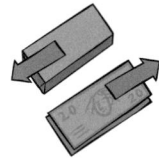

ekonomika

ቍጠባ

pirkt

ገዝአ

samaksāt

ከፈለ

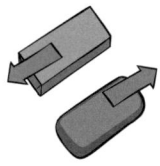

tirgot

ንግዲ

nauda

ገንዘብ

dolārs

ዶላር

eiro

ኦይሮ

jēna

የን

rublis

ሩበል

franks

ስዊዝ ፍራንከን

juaņa renminbi

ረንሚንቢ ዩዋን

rūpija

ሩፒየ

bankomāts

መውጽኢ ማሺን ገንዘብ

valūtas maiņas punkts

ቦታ ቅያር ገንዘብ

zelts

ወርቂ

sudrabs

ብሩር

nafta

ዘይቲ

enerģija

ሓይሊ

cena

ዋጋ

līgums

ውዕል

nodoklis

ቀረጽ

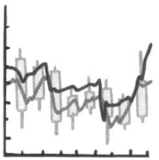

akcija

እኩብ ጥረ-ነገራት

strādāt

ሰርሐ

darbinieks

ሰራሕተኛ

darba devējs

ኣስራሒ

fabrika

ትካል

veikals

ዱኳን

profesijas
ሞያታት

policists
በዓል ፖሊስ
ugunsdzēsējs
pavārs
ከሻኒ
ārsts
ሓኪም
pilots
መራሒ ነፋሪት

dārznieks

ሰራሕተኛ ጀርዲን

galdnieks

ጸራቢ ዕንጸይቲ

šuvēja

ሰፋይት

tiesnesis

ፈራዳይ

ķīmiķis

ቀማሚ

aktieris

ተዋሳኢ

autobusa vadītājs

መራሒ ኣዉቶቡስ

taksometra vadītājs

ኣውቲስታ ታክሲ

zvejnieks

ገፋፊ ዓሳ

apkopēja

ጸራጊት

jumiķis

ሃናጻይ ናሕሲ

viesmīlis

ኣሰላፊ

mednieks

ሃዳናይ

gleznotājs

ሰኣላይ

maiznieks

እንዳ ሕብስቲ

elektriķis

ኤለትሪክኛ

celtnieks

ሃናጺ ኣባይቲ

inženieris

ሃንዳሲ

miesnieks

ሰራሕተኛ እንዳ ስጋ

skārdnieks

ድራብሊኮ

pastnieks

ኣማላላሲ ፖስጣ

karavīrs

ወተሃደር

arhitekts

መሃንድስ

kasieris

ተሓዝ ገንዘብ

florists

ሰራሕተኛ ዕምባባ

frizieris

ቀምቃማይ

konduktors

ፈተሪኖ

mehāniķis

መካኒክ

kapteinis

መራሒ መርከብ

zobārsts

ሓኪም ስኒ

zinātnieks

ተመራማሪ

rabīns

ራቢ

imāms

ኢማም

mūks

ፈላሲ

mācītājs

ቀሺ

instrumenti

ናውቲ

āmurs
knaibles
ጉጤት
skrūvgriezis
ዘዋር መስኒ
uzgriežņu atslēga
kabatas lukturīti
ላምፓዲና

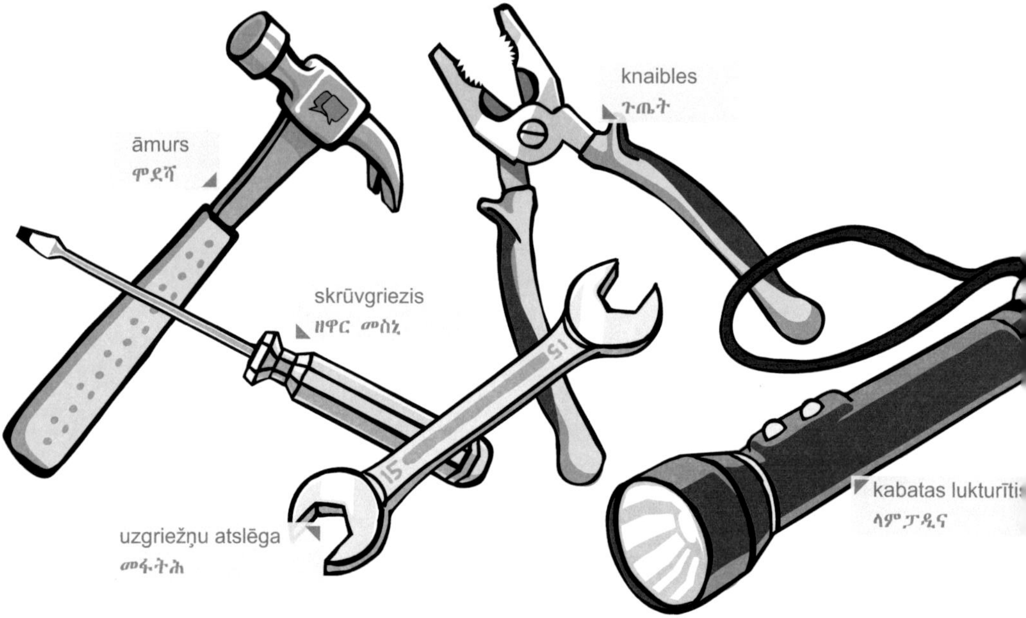

ekskavators

ፈሓሪ

instrumentu kaste

ናውቲ ቦክስ

kāpnes

መደያይቦ

zāģis

መጋዝ

naglas

መስማር

urbis

ኰዓቲ

remontēt

ምዕራይ

lāpsta

ባደላ

Velns!

አይ!

liekšķere

መትሓዚ ዶሮና

krāsas bundža

ድስቲ ቀለም

skrūves

ካቺቢተ

mūzikas instrumenti

መሳርሒ ሙዚቃ

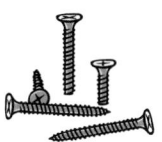

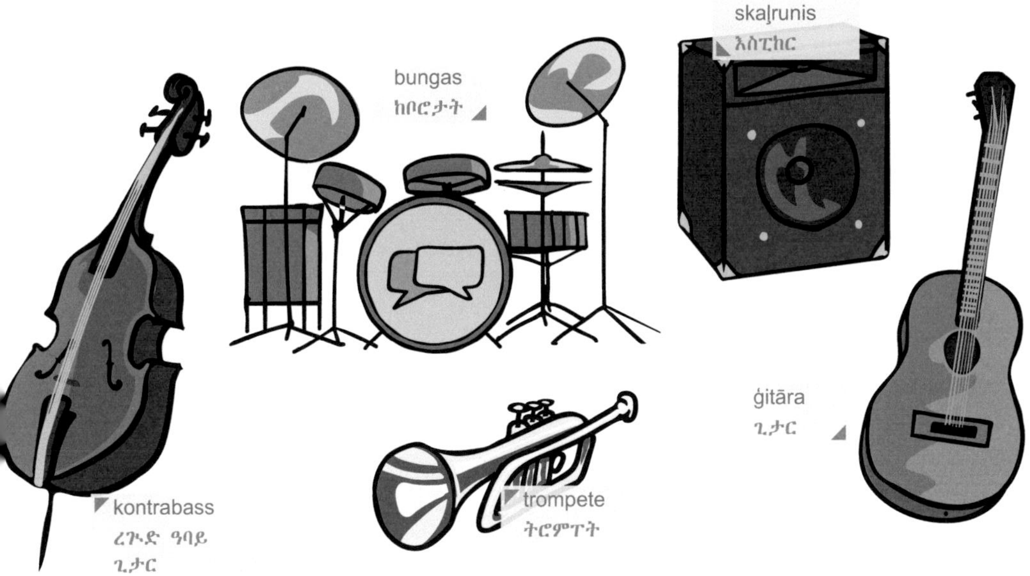

skaļrunis

እስፒከር

bungas
ከበሮታት

ġitāra
ጊታር

kontrabass
ረጉድ ዓባይ
ጊታር

trompete
ትሮምፔት

klavieres

ፒያኖ

vijole

ቪዮሊን

bass

ባስ ጊታር

timpāni

ቲምንኢ

bungas

ከበሮ

digitālās klavieres

ኦርጋን

saksofons

ሳክሶፎን

flauta

ሻምብቆ

mikrofons

ሚክሮፎን

zooloģiskais dārzs

መካነ እንስሳታት

tīģeris
ieeja
መእተዊ
būris
zebra
ኣድጊ በረኻ
dzīvnieku barība
መግቢ እንስሳ
panda
ፓንዳ

dzīvnieki

እንስሳታት

zilonis

ሓርማዝ

ķengurs

ካንጋሩ

degunradzis

ሓሪሽ

gorilla

ጉሪላ

lācis

ድቢ

kamielis

ገመል

strauss

ሰገን

lauva

ኣንበሳ

pērtiķis

ህበይ

flamings

ፍላሚንጎ

papagailis

ሕንጻይ

polārlācis

ድቢ በረድ

pingvīns

ፐንጉን

haizivs

ከልቢ ዓሳ

pāvs

ጣውስ

čūska

ተመን

krokodils

ሓርገጽ

zoodārza sargs

ሓላዊ ቤት ገርድሽ

ronis

ዓሳ ዚምገብ እንስሳ ባሕሪ

jaguārs

ጃጓር

ponijs

ሓጺር ፈረስ

leopards

ነብሪ

nīlzirgs

ጉማረ

žirafe

ጂራፍ

ērglis

ሊላ

meža cūka

መፍለስ

zivs

ዓሳ

bruņurupucis

ጎብየ

valzirgs

ዋልሩስ

lapsa

ወኻርያ

gazele

ሰስሓ

sports

ስፖርት

amerikāņu futbols
ናይ ኣሜሪካ ኩዕሶ እግሪ
riteņbraukšana
ምዝዋር ብሽግለታ
teniss
ተኒስ
basketbols
ባስከትባል
peldēšana
ምሕምባስ
bokss
ቦክሲንግ
hokejs
ሆኪ በረድ

futbols

ኩዕሶ እግሪ

badmintons

ባድሚንቶን

vieglatlētika

እስፖርታዊ ንጥፈታት

rokas bumba

ኩዕሶ ኢድ

slēpošana

ስኪ

polo

ፖሎ

smieties
ሰሓቝ

lēkt
ነጠረ

apskaut
ሓቝፈ

iet
ከደ

dziedāt
ደረፈ

sapņot
ሐለመ

lūgt
ጸለየ

skūpstīt
ሰዓመ

rakstīt

ጸሓፈ

zīmēt

ሰኣለ

rādīt

ኣርኣየ

spiest

ደፍአ

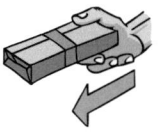

dot

ሃበ

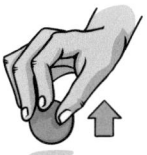

ņemt

ወሰደ

būt

ኣለወ

darīt

ገበረ

būt

ኮነ

stāvēt

ጠጠው በለ

skriet

ጎየየ

vilkt

ሰሓበ

mest

ሰንደወ

krist

ወደቐ

gulēt

ሓሰወ

gaidīt

ተጸበየ

nest

ሰከም

sēdēt

ኮፍ በለ

uzģērbt

ተኸድነ

gulēt

ደቀሰ

pamosties

ተስአ

skatīties

ረኣየ

raudāt

በኸየ

glāstīt

ብኣጻብዑ ደረዘ

ķemmēt

መሸጠ

runāt

ተዛረበ

saprast

ተረድአ

jautāt

ሓተተ

dzirdēt

ሰምዐ

dzert

ሰተየ

ēst

በልዐ

sakārtot

ኣቕመጠ

mīlēt

ኣፍቀረ

vārīt

ከሸነ

braukt

ዘወረ

lidot

ነፈረ

burot

ብመርከብ ገየሸ

rēķināt

ደመረ

lasīt

ኣንበበ

mācīties

ተመሃረ

strādāt

ሰርሐ

precēties

መርዓወ

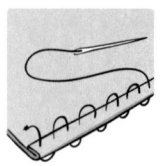

šūt

ሰፈየ

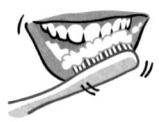

tīrīt zobus

ጽሬት ኣስናን

nogalināt

ቀተለ

smēķēt

ሽጋራ ተከኸ

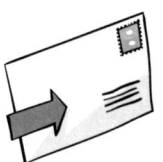

sūtīt

ሰደደ

vecāmāte
ዓባየ

vectēvs
ኣቦሓጎ

tēvs
ኣቦ

māte
ኣደ

mazulis
ማማይ

meita
ጓል

dēls
ወዲ

viesis

ጋሻ

tante

ሓትኖ

onkulis

ኣኮ

brālis

ሓው

māsa

ሓፍቲ

ኣካላት

piere
ግንባር
acs
ዓይኒ
plecs
መንኩብ
pirksts
ኣጻብዕ
seja
ገጽ
zods
መንከስ
roka
ኢድ
krūtis
ኣፍ-ልቢ
kāja
ሽፋን እግሪ
roka
ምናት

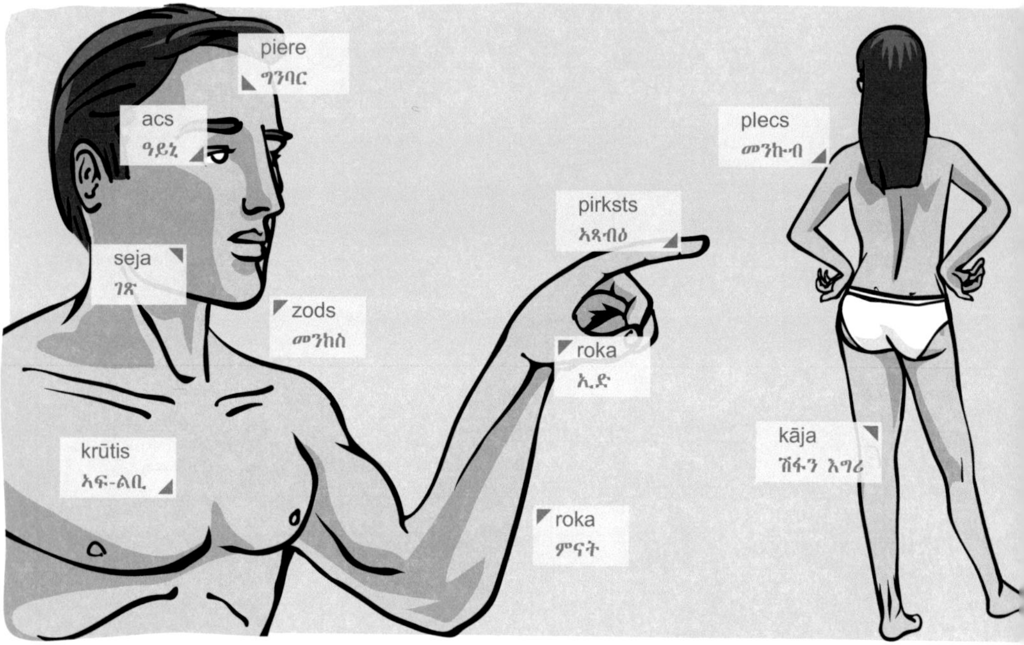

mazulis

ማማይ

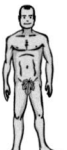

vīrietis

ሰብኣይ

sieviete

ሰበይቲ

meitene

ጓል

zēns

ወዲ

galva

ርእሲ

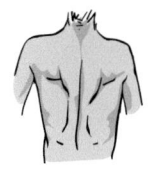

mugura

ሕቖ

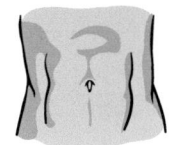

vēders

ከስዐ

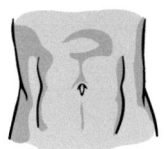

naba

ሕምብርቲ

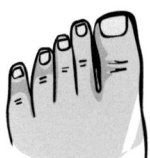

kājas pirksts

ኣጻብዕ እግሪ

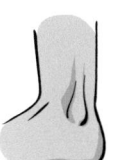

papēdis

ኩርኽሪ

kauls

ዓጽሚ

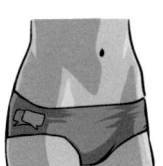

gurns

ምሕኵልቲ

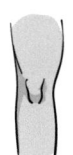

celis

ብርኪ

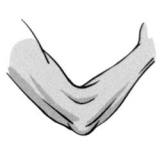

elkonis

ፍግፍጎ

deguns

ኣፍንጫ

dibens

መዓኮር

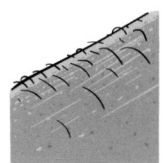

āda

ቆርበት

vaigs

ምዕጉርቲ

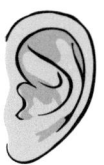

auss

እዝኒ

lūpa

ከንፈር

mute

ኣፍ

zobs

ስኒ

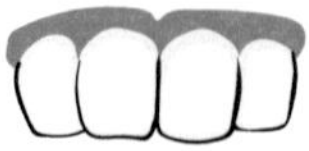

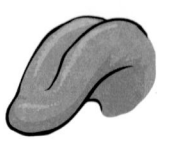

mēle

መልሓስ

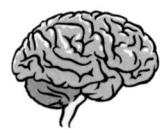

smadzenes

ሓንጎል

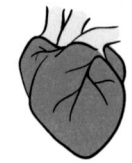

sirds

ልቢ

muskulis

ጭዋዳ

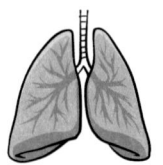

plaušas

ሳንቡእ

aknas

ጸላም ከብዲ

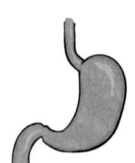

kuņģis

ከብዲ

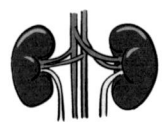

nieres

ኩሊት

dzimumakts

ግብረ ስጋ

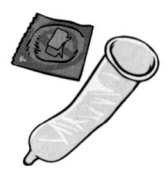

kondoms

ኮንዶም

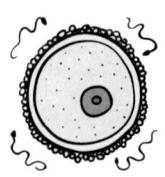

olšūna

እንቋቑሖ

sperma

ዘርኢ ተባዕታይ

grūtniecība

ጥንሲ

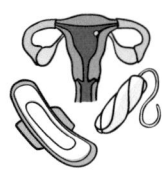

menstruācijas

ጽግያት

vagīna

ርሕሚ

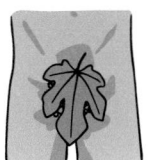

penis

መትሎ

uzacs

ሽፋሽፍቲ

mati

ጸግሪ

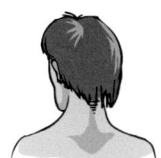

kakls

ክሳድ

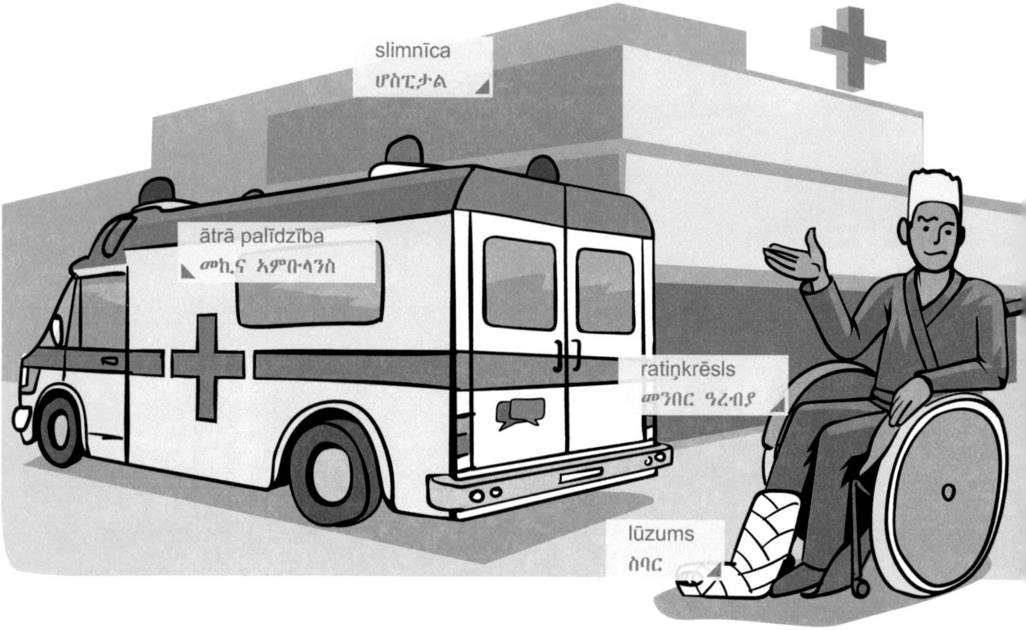

slimnīca

ሆስፒታል

ātrā palīdzība
መኪና ኣምቡላንስ
ratiņkrēsls
መንበር ዓረብያ
lūzums
ስባር

ārsts

ሓኪም

neatliekamās palīdzības nodaļa

ክፍሊ ህጹጽ ረድኤት

medmāsa

ኣላይት

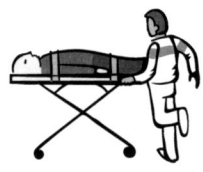

ārkārtas gadījums

ህጹጽ ኩነት

paģībis

ውነኡ ዘጥፍአ

sāpes

ቃንዛ

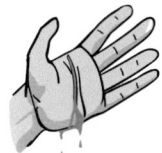

ievainojums

ጉድኣት

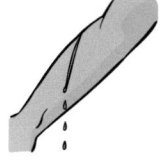

asiņošana

ደም

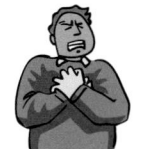

sirdslēkme

ማህረምቲ

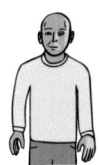

insults

ማህረምቲ

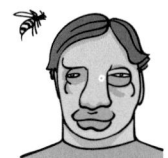

alerģija

ኣለርጂ

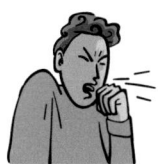

klepus

ሰዓል

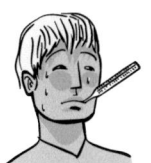

temperatūra

ረስኒ

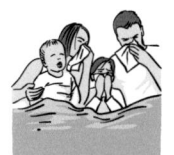

gripa

ኢንፍልወንዛ

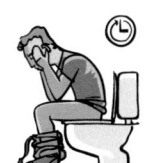

caureja

ውጽኣት

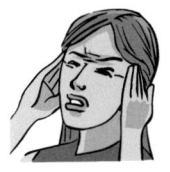

galvassāpes

ቃንዛ ርእሲ

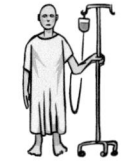

vēzis

መንሸሮ

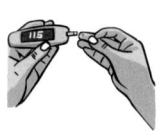

diabēts

ሹኮርያ

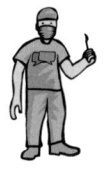

ķirurgs

ሓኪም መጥባሕቲ

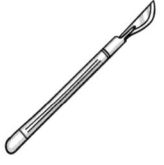

skalpelis

መጥብሒ

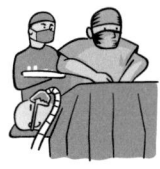

operācija

መጥባሕቲ

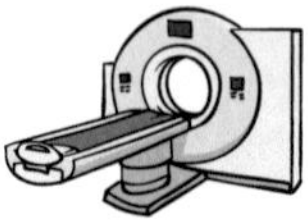

datortomogrāfija

CT

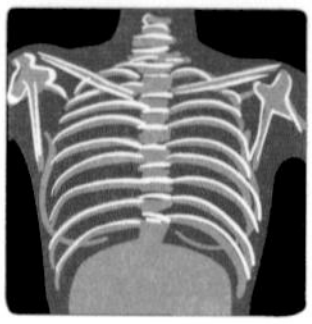

rentgents

ራጂ

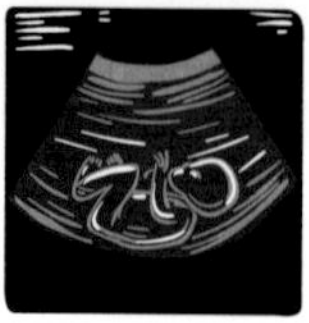

ultraskaņa

ልዕለ ድምጻዊ

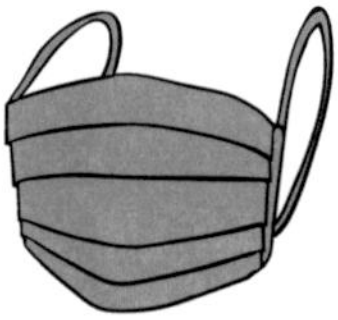

sejas maska

መሸፈኒ ገጽ

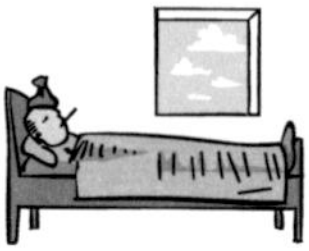

slimība

ሕማም

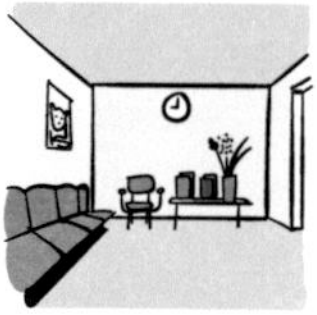

uzgaidāmā telpa

ክፍሊ ምጽባይ

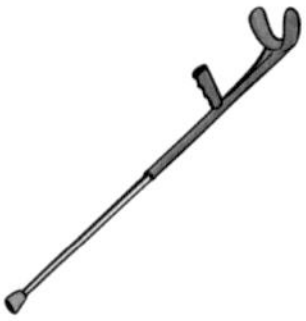

kruķis

ምርኩስ

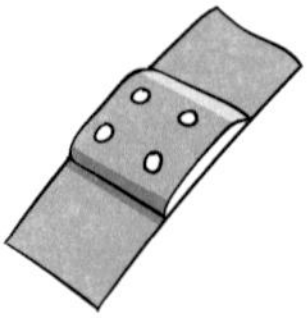

plāksteris

መጀነኒ ቑስሊ

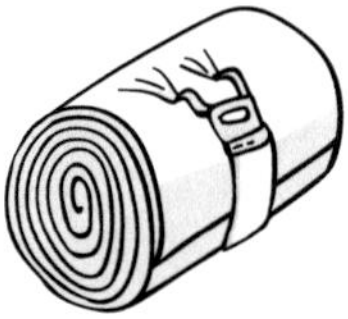

apsējs

መጀነኒ

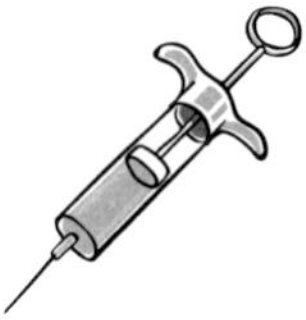

injekcija

መርፍዕ ምውጋእ

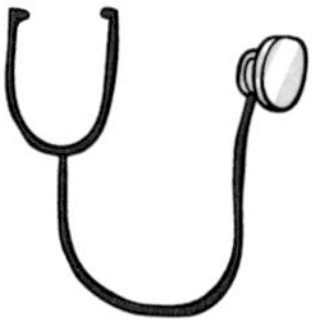

stetoskops

ስተቶስኮፕ

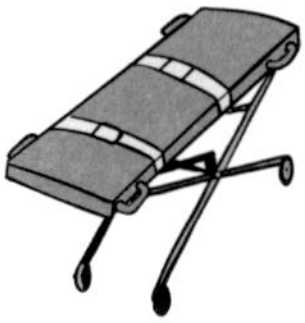

nestuves

መሰከሚ ሕማም

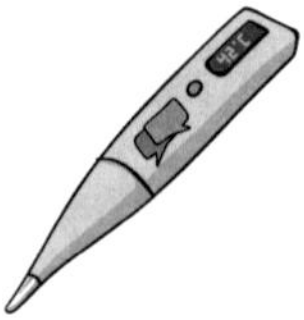

termometrs

ቴርሞመተር

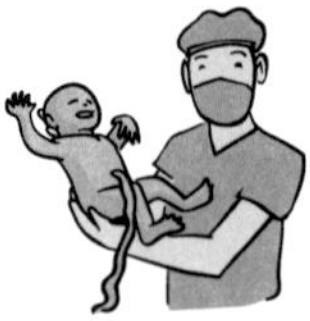

dzemdības

ትውልዲ

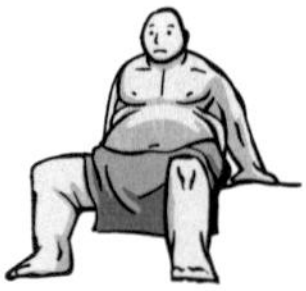

liekais svars

ልዕለ-ሚዛን

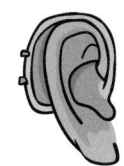

dzirdes aparāts

ሓገዝ ምስማዕ

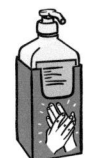

dezinfekcijas līdzeklis

ኣንጻሂ

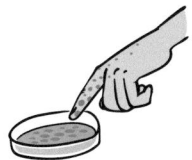

infekcija

ልበዳ

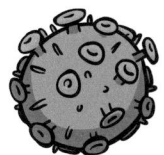

vīruss

ቫይረስ

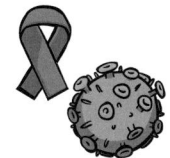

HIV / AIDS

ኤድስ

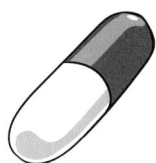

zāles

ሕክምና

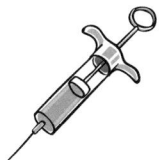

pote

ክታበ

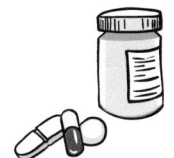

tabletes

ከኒና

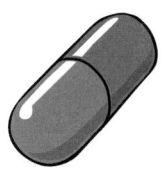

pretapaugļošanās tablete

ከኒና

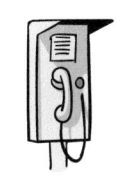

ārkārtas izsaukums

ህጹጽ ምድዋል

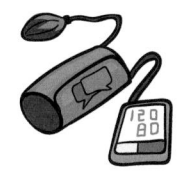

asinsspiediena mērītājs

መዕቀኒ ጸቕጢ ደም

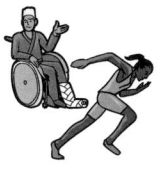

slims / vesels

ሕሙም / ጥዑይ

ārkārtas gadījums

ህጹጽ ኩነት

Palīgā!

ሓገዝ

trauksme

ኣላርም

uzbrukums

ምህጃም

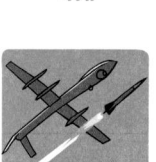

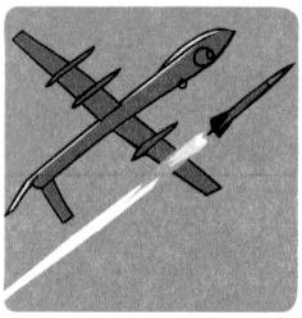

uzbrukums

መጥቃዕቲ

bīstamība

ድንገት

avārijas izeja

ህጹጽ መውጽኢ

Uguns!

ሓዊ!

ugunsdzēšamais aparāts

መጥፍኢ ሓዊ

negadījums

ሓደጋ

pirmās palīdzības aptieciņa

ሳንጣ ቀዳማይ ረድኤት

SOS

SOS

policija

ፖሊስ

Eiropa

ኤውሮጳ

Ziemeļamerika

ሰሜን ኣመሪካ

Dienvidamerika

ደቡብ ኣመሪካ

Āfrika

ኣፍሪቃ

Āzija

ኤስያ

Austrālija

ኣውስትራልያ

Atlantijas okeāns

ኣትላንቲክ

Klusais okeāns

ፓሲፊክ

Indijas okeāns

ህንዳዊ ዉቕያኖስ

Dienvidu okeāns

ኣንታርቲካዊ ዉቕያኖስ

Ziemeļu ledus okeāns

ኣርክቲካዊ ዉቕያኖስ

Ziemeļpols

ሰሜናዊ ዋልታ

Dienvidpols

ደቡባዊ ዋልታ

Antarktika

ኣንታርቲካ

zeme

ምድሪ

zeme

መሬት

jūra

ባሕሪ

sala

ደሴት

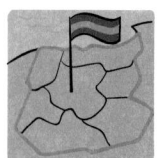

nācija

ሃገር

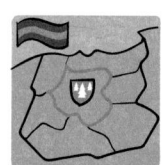

valsts

ዓዲ

ciparnīca

ገጽ ሰዓት

stundu rādītājs

ኣመልካቲ ሰዓታት

minūšu rādītājs

ኣመልካቲ ደቓይቕ

sekunžu rādītājs

ኣመልካቲ ካልኢት

Cik ir pulkstenis?

ሰዓት ክንደይ ኣሎ?

diena

መዓልቲ

laiks

ግዜ

tagad

ሕጂ

digitālais pulkstenis

ዲጊታል ሰዓት

minūte

ደቒቕ

stunda

ሰዓት

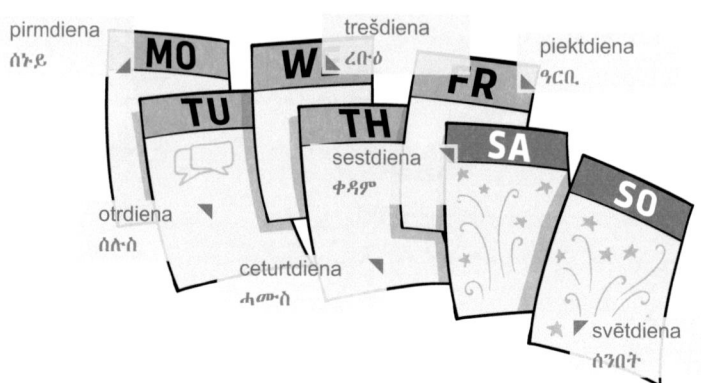

nedēļa

ሰሙን

pirmdiena
ሰኑይ

otrdiena
ሰሉስ

trešdiena
ረቡዕ

ceturtdiena
ሓሙስ

piektdiena
ዓርቢ

sestdiena
ቀዳም

svētdiena
ሰንበት

vakardien
ትማሊ

šodien
ሎሚ

rītdien
ጽባሕ

rīts
ንጉሆ

pusdienlaiks
ቀትሪ

vakars
ምሸት

darbadienas
መዓልታት ስራሕ

brīvdienas
መወዳእታ ሰሙን

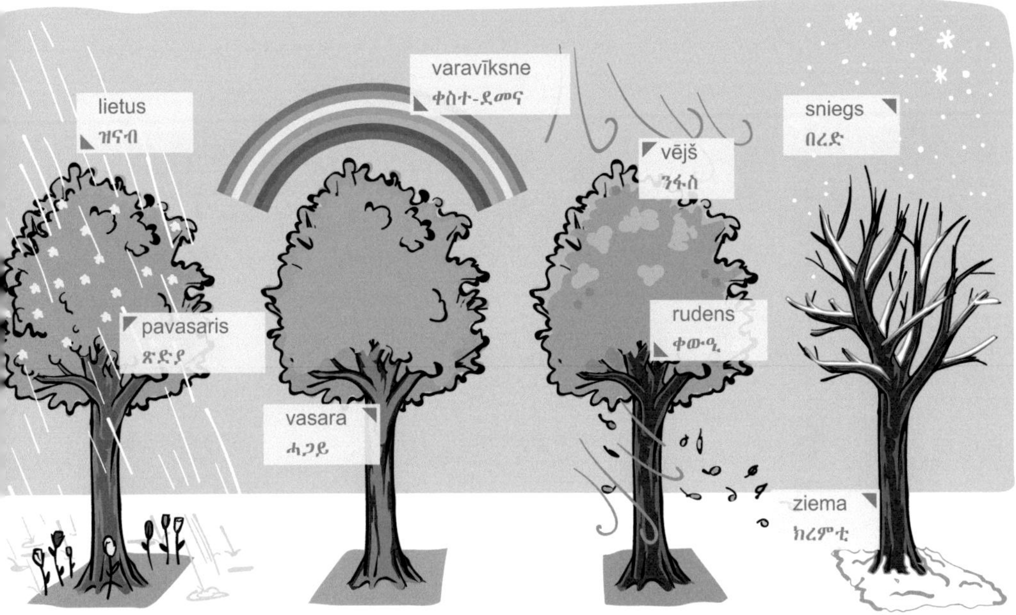

lietus
ዝናብ
varavīksne
ቀስተ-ደመና
vējš
ንፋስ
sniegs
በረድ
pavasaris
ጽድያ
vasara
ሓጋይ
rudens
ቀውዒ
ziema
ክረምቲ

4.APRIL 11°
5.APRIL 4°
6.APRIL 13°
7.APRIL 8°
8.APRIL 10°

laika prognoze
ትንቢት ኩነታት ኣየር

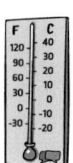

termometrs
ቴርሞመተር

saules gaisma
ብርሃን ጸሓይ

mākonis
ደበና

migla
ግመ

gaisa mitrums
ጠሊ

zibens

ብርቂ

pērkons

ነጐዳ

vētra

ህቦብላ

krusa

በረድ

musons

ብርቱዕ ህቦብላ

plūdi

ውሕጅ

ledus

በረድ

janvāris

ጥሪ

februāris

ለካቲት

marts

መጋቢት

aprīlis

ሚያዝያ

maijs

ጉንበት

jūnijs

ሰነ

jūlijs

ሓምለ

augusts

ነሓሰ

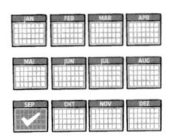

septembris

መስከረም

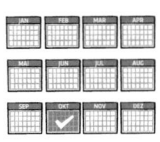

oktobris

ጥቅምቲ

novembris

ሕዳር

decembris

ታሕሳስ

formas

ቅርጽታት

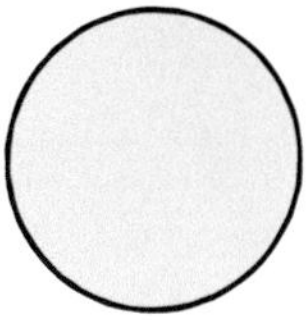

aplis

ዙርያ

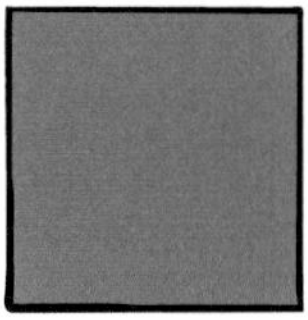

kvadrāts

ትርብዒት

četrstūris

ቅኑዕ ርቡዕ ዅርናዕ

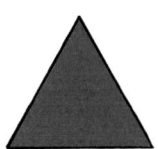

trīsstūris

ስሉስ ኩርናዕ

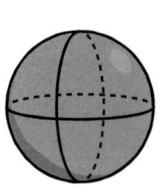

lode

ክቢ

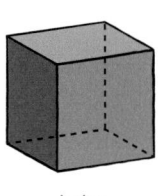

kubs

ኩቦ

krāsas

ሕብርታት

balts

ጻዕዳ

dzeltens

ብጫ

oranžs

ኣራንሺ

sārts

ፒንክ

sarkans

ቀይሕ

lillā

ጁኽ

zils

ሰማያዊ

zaļš

ቀጠልያ

brūns

ቡናዊ

pelēks

ሓሙኽሽታይ

melns

ጸሊም

daudz / maz

ብዙሕ / ውሑድ

saniknots / miermīlīgs

ሕሩቕ / ሰላማዊ

skaists / neglīts

ጽቡቕ / ክፉእ

sākums / beigas

መጀመርያ / መወዳእታ

liels / mazs

ዓቢ / ንእሽቶ

gaišs / tumšs

ብሩህ / ጸልማት

brālis / māsa

ሓው / ሓፍቲ

tīrs / netīrs

ጽሩይ / ርሳሕ

pilnīgs / nepilnīgs

ምሉእ / ዘይምሉእ

diena / nakts

መዓልቲ / ለይቲ

miris / dzīvs

ሙዉት / ህልው

plats / šaurs

ሰፊሕ / ጸቢብ

baudāms / nebaudāms

ደስ ዘበል / ደስ ዘይብል

nikns / laipns

እኩይ / ህያዋይ

satraukts / garlaikots

ርቡጽ / ስልኩይ

resns / tievs

ረጊድ / ቀጢን

pirmais /pēdējais

ቀዳማይ / ናይ መወዳእታ

draugs / ienaidnieks

ዓርኪ / ጸላኢ

pilns / tukšs

ምሉእ / ባዶ

ciets / mīksts

ተሪር / ልስሉስ

smags / viegls

ከቢድ / ፈኩስ

izsalkums / slāpes

ጥምየት / ጽምየት

slims / vesels

ሕሙም / ጥዑይ

nelegāls / legāls

ዘይሕጋዊ / ሕጋዊ

inteliģents / dumjš

መስተውዓሊ / ስዲ

kreisais / labais

ጸጋም / የማን

tuvu / tālu

ቐረባ / ርሑቕ

jauns / lietots

ሓዲሽ / ብሉይ

nekas / kaut kas

ዋላ ሓደ / ገለ

vecs / jauns

ዓቢ/ኣረጊት / መንእሰይ

ieslēgts / izslēgts

ወልዕ / ኣጥፍእ

atvērts / slēgts

ክፉት / ዕጹው

kluss / skaļš

ህዱእ / ዓው

bagāts / nabags

ሃብታም / ድኻ

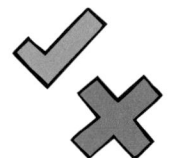

pareizi / nepareizi

ቅኑዕ / ግጉይ

raupjš / gluds

ሓርፋፍ / ልሙጽ

noskumis / laimīgs

ጉሁይ / ሕጉስ

īss / garš

ሓጺር / ነዊሕ

lēns / ātrs

ቀስ / ቅልጡፍ

slapjš / sauss

ጥሉል / ንቑጽ

silts / vēss

ምዉቕ / ዝሑል

karš / miers

ውግእ / ሰላም

skaitļi

ቁጽርታት

0

nulle

ዜሮ

1

viens

ሓደ

2

divi

ክልተ

3

trīs

ሰለስተ

4

četri

ኣርባዕተ

5

pieci

ሓሙሽተ

6

seši

ሽዱሽተ

7

septiņi

ሸውዓተ

8

astoņi

ሸሞንተ

9

deviņi

ትሽዓተ

10

desmit

ዓሰርተ

11

vienpadsmit

ዓሰርተ ሓደ

12

divpadsmit

ዓሰርተ ክልተ

13

trīspadsmit

ዓሰርተ ሰለስተ

14

četrpadsmit

ዓሰርተ ኣርባዕተ

15

piecpadsmit

ዓሰርተ ሓሙሽተ

16

sešpadsmit

ዓሰርተ ሽዱሽተ

17

septiņpadsmit

ዓሰርተ ሸውዓተ

18

astoņpadsmit

ዓሰርተ ሸሞንተ

19

deviņpadsmit

ዓሰርተ ትሽዓተ

20

divdesmit

ዕስራ

100

simts

ሚእቲ

1.000

tūkstotis

ሽሕ

1.000.000

miljons

ሚልዮን

Valodas

ቋንቋታት

angļu

እንግሊዝኛ

amerikāņu angļu

ኣመሪካዊ እንግሊዛዊ

ķīniešu mandarīnu valoda

ቻይናዊ ማንዳሪን

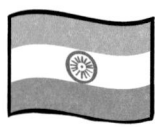

hindi

ሂንዳዊ

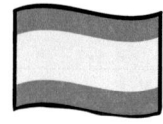

spāņu

እስጳኛዊ

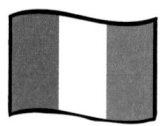

franču

ፈረንሳዊ

arābu

ዓረባዊ

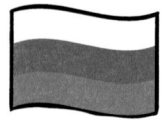

krievu

ሩሲያዊ

portugāļu

ፖርቱጋላዊ

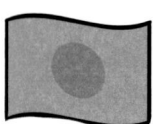

bengāļu

በንጋሊ

vācu

ጀርመናዊ

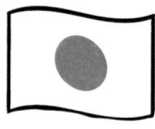

japāņu

ጃፓናዊ

kas / ko / kā

መን / እንታይ / ከመይ

es

አነ

tu

ንስኻ/ኺ

viņš / viņa

ንሱ / ንሳ / ንሱ

mēs

ንሕና

jūs

ንስኻ

viņi / viņas

ንሳቶም

kas?

መን?

ko?

እንታይ?

kā?

ከመይ?

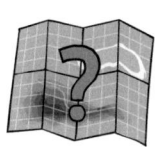

kur?

ኣበይ?

kad?

መዓስ?

vārds

ሽም

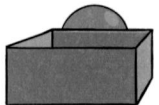

kur
ኣበይ

aiz

ድሕሪ

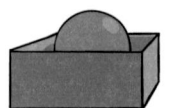

iekšā

ኣብ

priekšā

ኣብ ቅድሚ

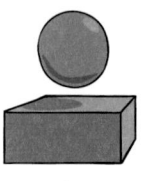

virs

ኣብ ላዕሊ

uz

ኣብ ልዕሊ

zem

ትሕቲ ምድሪ

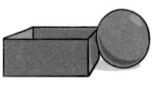

blakus

ኣብ ጥቓ

starp

ኣብ መንጎ

vieta

ቦታ